# FEELING GOOD

Inspirierende Duftrezepte für wichtige Lebensthemen

JULIA MÄHR | THOMAS ZERLAUTH

OKTOBER 2007

# INTRO

## Wohlbefinden als persönliche Wahlfreiheit

Die vielen Anfragen und positiven Rückmeldungen zu unserem letzten Buch „a magical feeling" haben uns motiviert, die Möglichkeiten und Potenziale der Duftstoffe diesmal aus einer neuen und themenorientierten Perspektive zu beleuchten. Im Buch „a magical feeling" standen die wichtigsten Pflanzen im Mittelpunkt unserer Aufmerksamkeit. Es ging um die Seele der Pflanzen und um die Frage, wie ätherische Öle unser Leben positiv beeinflussen können.

In diesem Buch wollen wir uns ganz bewusst wesentlichen Entwicklungsthemen widmen, die uns alle in mehr oder weniger intensiver Form auf unserem Lebensweg „begleiten und heimsuchen". Für jedes Thema haben wir eine eigene Duftkomposition erarbeitet, die für die Bewältigung und Auflösung der anstehenden Aufgaben unterstützend und positiv motivierend wirken soll. Unser Anliegen war es, „feeling good" Duftkompositionen zu kreieren, die einen neuen und liebevollen Umgang mit uns selbst und eine wohlwollend-inspirierende Atmosphäre ermöglichen.

# EDITORIAL

## Ätherische Öle erleben einen neuen Boom

„Heute schmeicheln ätherische Öle unserem Geruchssinn. Wir gebrauchen sie zum 'Vergnügen' – und dabei zugleich, wenn auch ohne es zu wissen, für unsere Gesundheit. Jetzt gilt es, zu lernen, sie besser zu verstehen und besseren Gebrauch von ihnen zu machen", schrieb der berühmte französische Aromatherapeut René Maurice Gattefossé in den 20er Jahren.

Mittlerweile wissen wir sehr viel mehr über die Wirkungen der Duftstoffe und wie wir sie zur Steigerung unseres Wohlbefindens, zur Gestaltung einer positiven Atmosphäre und für unseren individuellen Ausdruck verwenden können.

Ätherische Öle haben eine wahre Renaissance erfahren, erfüllen und bereichern das Leben vieler Menschen, die von den feinen Düften und ihren wundervollen Wirkungen in den Bann gezogen werden. Das liegt zum einen am heutigen Wissens- und Bewusstseinsstand der aufgeschlossenen und gesundheitsbewussten Menschen, zum anderen an der einfachen Verfügbarkeit hochqualitativer und naturreiner ätherischer Öle.

Viele Menschen haben sich auf den Weg gemacht und beginnen, sich bewusst für ein sinnerfülltes, lebendiges, sinnliches und selbstbestimmtes Leben zu entscheiden. Dass naturreine Düfte diese Sinnlichkeit beflügeln und wie eine leise und sanft tragende Begleitmusik wirken, möchten wir in diesem Buch zum Ausdruck bringen.

## DEM LEBEN EINEN SINN VERLEIHEN

Die Frage nach dem Sinn des Lebens bringt uns in der Regel nicht weiter. Vielmehr geht es darum, unserem eigenen Leben einen Sinn zu verleihen, sich also letztlich die Frage zu stellen: „Welchen Sinn will ich meinem Leben geben?"

*Denken wir an das, was einen wirklichen Wert besitzt, an das, was unserem Leben einen Sinn gibt, und setzen wir unsere Prioritäten dementsprechend.*
*HH, XIV. Dalai Lama*

# ÖFFNE DICH UND DEINE SINNE

Es gibt kein Vertrauen ohne Offenheit

*Von allen fünf Sinnen ist*

*zweifellos der Geruchssinn*

*derjenige, der am besten*

*einen Eindruck von der Unsterblichkeit vermittelt.*

*Salvador Dalí*

# EIN WUNDERBARER SCHATZ

## Wie ätherische Öle das Leben positiv beeinflussen können

Ätherische Öle sind kein Produkt der modernen Wellnessgesellschaft, sind vielmehr jahrtausendealtes Kulturgut und Hüter der menschlichen Geschichte. Sie sind Weggefährten und Begleiter durch die Menschheitsgeschichte bis in die heutige Zeit, die den Menschen in bislang nicht gekannter Weise in ihren Zeitrausch zieht.

Immer anspruchsvoller und fordernder wird der tägliche Überlebenskampf, die Aufgabe, „den Kopf über Wasser zu halten" und im Dickicht des Alltags den Überblick nicht zu verlieren. So wundert es bei genauerem Betrachten nicht, dass ätherische Öle eine wundervolle Renaissance erleben. In ihnen liegt noch die Kraft der Zeitlosigkeit. Durch sie lösen wir die Fesseln der Vergangenheit und lassen unseren Geist frei und ungebunden neue Wege finden. Öle sind ein wunderbarer Schatz, um neue Erfahrungswelten zu erkunden. Sie unterstützen das Loslassen und Vertrauen, helfen, mit Zuversicht durch die Zeit zu blicken und Raum zu gewinnen. Raum für die eigene Entwicklung. Raum zur Kultivierung einer freieren Lebensweise, die von Geborgenheit, Freude und Leichtigkeit geprägt ist.

Duftstoffe und Heilpflanzen werden verwendet, seit es Menschen gibt. Das Wissen um ihre Verwendung wurde aber ebenso zurückgedrängt wie das naturprinzipielle Verständnis früherer Generationen, die noch etwas sorgsamer mit unserer Lebensgrundlage, der Natur, umgingen. Xokonoschtletl, vom Volk der Azteken hat wohl recht, wenn er sagt: „Ich bin überzeugt, je höher die Menschen zivilisiert sind, umso mehr trennen sie sich von unserer Mutter Erde. Doch so viel wissen wir: Wer sich von Mutter Erde trennt, wird einsam und krank."

Die Orientierungslosigkeit und Gleichgültigkeit, die zu Beginn des 21. Jahrhunderts vorherrschen, scheinen aber einen gewissen Teil der Menschheit auf den Plan zu rufen. Eben all jene, die bereits erkannt haben, dass es ohne Mutter Erde kein beglückendes Leben geben kann.

## SELBSTVERANTWORTUNG

Der Mensch hat sich weiter von der Natur entfernt, als dies jemals zuvor der Fall war. Der große Philosoph Hans Jonas schreibt dazu: „Der Mensch ist der Natur gefährlicher geworden, als die Natur dem Menschen jemals war."
Was wir dringend wieder in unser Bewusstsein rufen sollten, ist die Ehrfurcht vor der Natur, der Schöpfung und der Mitverantwortung für den Nächsten und die nächsten Generationen. Insofern kann die Beschäftigung mit wirklich naturreinen, ökologischen und sorgsam entwickelten ätherischen Ölen wie ein positiver Filter wirken, der uns selbstverantwortlicher werden lässt. Mit ätherischen Ölen können wir die Gestaltung unserer kleinen Welt und das Wohlbefinden unserer Familie selbst in die Hand nehmen.

# ZAUBER DER DÜFTE

## Himmlische Duftnoten

Über die Welt der Düfte öffnen wir uns wieder für das Sinnliche, das Schöne, das Feine, das Individuelle und Bezaubernde. Immer mehr Menschen machen sich auf die Suche nach dieser geheimnisvollen Welt, die vielen noch unbekannt ist und manchen unerschlossen bleibt, einer Welt, die von der Sehnsucht nach Stille, Einfachheit und Liebe erzählt. In eben dieser Welt berühren uns die Düfte mit ihrem Zauber und ihre Schwingungen beginnen, sich wie feine Seidenfäden auf uns zu legen und uns einzuhüllen. Düfte beeinflussen unsere Stimmungen und Emotionen, leiten unsere Gefühlswelt auf eine ganz subtile Weise. Es liegt doch nahe, dass wir die uns umgebenden Düfte bewusst verändern und für unser Wohlbefinden nutzen.

Ätherische Öle können nach Duftnoten eingeteilt werden, was die Arbeit mit ihnen erleichtert und der Übersichtlichkeit dient.

Kopfnoten:
wirken erfrischend, anregend und konzentrationsfördernd. Sie setzen innere Energien sowie Kreativität frei und wirken inspirierend für Kopfarbeiter. Es sind helle, leichte und beschwingte Düfte mit relativ kurzer Haftdauer.

Herznoten:
wirken harmonisierend, ausgleichend und sinnlich anregend. Besonders geeignet für hektische, anspruchsvolle Situationen. Diese Duftnoten beruhigen und setzen unsere emotionale Kompetenz frei. Herznoten beschreiben blumige, liebliche, würzige Düfte.

Basisnoten:
wirken kräftigend, zentrierend, stabilisierend und erdend. Sie helfen aufzutanken und Energie zu speichern. Bei den Basisnoten handelt es sich also um schwere, erdige, balsamische, tiefe, lang haftende Düfte.

# KURZE GESCHICHTE

## Duftstoffe werden seit Jahrtausenden verwendet

Bereits in den Kulturen der Vor- und Frühgeschichte hatten Düfte einen festen Platz im Leben der Menschen. Durch das Verbrennen duftender Substanzen glaubten beispielsweise die alten Griechen, über den aufsteigenden Rauch mit ihren Göttern zu sprechen. In der katholischen Kirche wird bis heute Weihrauch verbrannt. Die Wurzel dieses Rituals ist vermutlich auch hier Götterglaube. „Per fumum", lateinisch „durch den Rauch" ist auch der eigentliche Ursprung des heutigen Worts „Parfüm".

Schon vor mehr als 5000 Jahren verbrannten die Ägypter Duftstoffe zu Ehren des Sonnengottes Ra: Harze und Pflanzenessenzen bei Sonnenaufgang, Myrrhe und den Saft des Balsamholzbaumes im Zenit und raffinierte Mischungen bei Sonnenuntergang. Die reichen Ägypterinnen benutzten Salben und Pomaden aus Anis, Rosmarin und Zitrone, die weniger Betuchten nahmen Rizinusöl, gemischt mit Minze oder Thymian. In der Oberschicht der Ägypter waren Düfte längst zur Körperpflege oder Therapie im Gebrauch.

Vom Vorderen Orient und dem Fernen Osten aus trat das Parfüm seinen Siegeszug um die ganze Welt an. Neue Düfte und Duftextrakte wurden von Parfumeuren und Alchemisten kreiert, andere und immer bessere Verfahren für die Herstellung der wichtigen Grundessenzen gefunden. Die Eroberung der Welt durch europäische Seefahrer sorgte für neue Grundstoffe wie beispielsweise Gewürze aus Indien, Blumen aus Madagaskar oder feine Dufthölzer aus Amerika.

## ERINNERUNGSBRÜCKE

Nur wenige Dinge lösen so unmittelbar Gefühle aus wie Düfte, und nur weniges schreckt uns so direkt ab oder zieht uns ohne Zögern an wie Gerüche. Sie sind es, die abstoßend, lebensrettend oder erotisierend wirken können. An kaum etwas können wir Menschen uns besser erinnern als an bestimmte Gerüche.

Kein Wunder also, dass wir von Gerüchen geprägt sind und unsere Nase besonders auf die wirklich guten Düfte reagiert.

Zu Zeiten Ludwigs XIV. (1643–1715) waren Parfüms notwendig, um üble Gerüche zu überdecken. Denn man wusch sich nicht, und auf Hygiene und Sauberkeit wurde nicht viel Wert gelegt. Nur mit schweren Parfüms konnte der Körpergeruch der Menschen überlagert werden. Das Herstellen von Parfüms wurde organisiert, die Zunft der Handschuhmacher nahm sich der neuen Produkte an. Sie waren die Ersten, die den unangenehmen Ledergeruch frisch gegerbter Handschuhe mit Parfüm bekämpften.
Seit der Aufklärung (Ende des 17. Jahrhunderts) verbesserten sich die hygienischen Bedingungen und die Parfüms wurden leichter. In Köln wurde das *Eau de Cologne* erfunden, in Paris hatten die eleganten Damen immer ein leicht beduftetes Taschentuch zur Hand. Im 19. Jahrhundert entwickelte sich Parfüm langsam zum Luxusgut. Um die Jahrhundertwende entstanden die ersten synthetischen Duftstoffe, die nicht mehr aus der Parfümproduktion wegzudenken sind.
„Zu Beginn des 20. Jahrhunderts schließlich besann man sich wieder auf die heilenden Aspekte der natürlichen Duftstoffe", schreibt die Aromatherapeutin Eliane Zimmermann. „Der Chemiker René Maurice Gattefossé leitete mit der Erforschung der pharmazeutisch-medizinischen Eigenschaften der ätherischen Öle die Ära der Aromatherapie ein. In Frankreich erforschten und verwendeten zunächst nur Ärzte diesen Zweig der Phytotherapie. In England dagegen wurde sie erst einmal eine Domäne der KosmetikerInnen und MasseurInnen, eingeleitet durch Kurse von Marguerite Maury und ihrer 'Erben' Danièle Ryman, Robert Tisserand und Shirley Price.
Es gibt bereits frühe wissenschaftliche Studien mit ätherischen Ölen, doch erst seit Ende des 20sten Jahrhunderts wird in klinischen randomisierten Studien der medizinische Einsatz bei Krankheiten von einigen Institutionen studiert."

# DÜFTE ALS FORM DER KOMMUNIKATION

## Was der Geruch verrät

Jedes Lebewesen, jede Pflanze und auch fast jeder unbelebte Gegenstand strömt einen bestimmten Geruch aus. Laut *Gesundheits-Brockhaus* ist der Geruch ein „spezifischer Duft, der von einem Lebewesen, Stoff oder Gegenstand ausgeht und über den Geruchssinn wahrgenommen werden kann. Wahrnehmbare Düfte basieren auf chemischen Verbindungen, die bei Raumtemperatur flüchtig sind, also durch Verdunstung als Dämpfe in die Luft gelangen". Manche Gerüche mögen wir, wie den Duft von frischem Obst, manche empfinden wir als sehr unangenehm, wie den Gestank von Katzenurin. Dabei sind Gerüche komplizierte Gemische aus hundert und gar tausend chemischen Bestandteilen.

Im Vergleich zum Tierreich sind die Menschen aber ausgesprochen schlechte Riecher: In unserer stark visualisierten Welt verkümmert der Geruchssinn zusehends. Der Vergleich mit den Sinneszellen eines Schäferhundes belegt dessen weitaus besseres Riechvermögen. Überhaupt spielen die Gerüche im Tierreich eine wichtige Rolle, sie enthalten verschlüsselte Botschaften: Duft gilt als die älteste Form der Kommunikation. Duftmarken sind für viele Tiere, was für den Menschen der Fingerabdruck ist, ein Nachweis der Identität. Hunde hinterlassen mit dem unverwechselbaren Geruch ihres Urins eine Botschaft an die Artgenossen, welche Geschlecht, Alter oder bei einem Weibchen die Läufigkeit signalisiert. Geruch verrät auch die Familienzusammengehörigkeit und stärkt damit den Zusammenhalt der Sippe. Eine duftende Visitenkarte kann auch Revieransprüche geltend machen oder sichern. Haus- und Raubkatzen haben diese Eigenschaft, aber auch Huftiere, wie Hirsche und viele Antilopenarten. Meistens verteilen die Tiere für diesen Zweck ein Sekret aus ihren Hautdrüsen oder speziellen Analdrüsen in ihrer Umgebung. Manche Tiere legen gar regelrechte Duftstraßen an, an denen sie sich dann orientieren.

Bei der Fortpflanzung läuft im Tierreich ohne die Hilfe der Düfte meist gar nichts: Sogenannte Pheromone sowie weitere Geruchsstoffe sorgen dafür, dass die Partner ihre Liebesbotschaften austauschen können und zum richtigen Zeitpunkt zusammenfinden. Sogar im Wasser helfen die Duftstoffe beim Liebesleben. Hummer beispielsweise würden ohne die richtige Duftbotschaft übereinander herfallen anstatt sich zu paaren. Paarungsbereite Weibchen sondern einen Duftstoff ab, der das Aggressionsverhalten des Männchens hemmt. Beim Menschen konnten solche Pheromone bisher nicht eindeutig nachgewiesen werden. Dass jedoch bestimmte Duftstoffe entscheidend auf unser Liebesleben einwirken, ist bei Wissenschaftlern inzwischen unumstritten. Düfte haben auch noch andere wichtige Funktionen in unserem Leben: So erkennt jede Mutter ihr Baby an seinem unverwechselbaren Geruch, Liebende empfinden den Geruch ihres Partners als angenehm und assoziieren ihn mit Geborgenheit.

Nicht zuletzt hat der Geruchssinn auch eine wichtige Warnfunktion: Riecht etwa ein Lebensmittel schlecht, sendet unser Riechsystem die Warnung: Achtung, nicht essen – verdorben! Wer seinen Geruchssinn verliert, muss ohne dieses wichtige Warnsystem durchs Leben gehen und ist damit ähnlich verletzlich wie jemand, der keine Schmerzen empfinden kann.

## DIE NASE LERNT

Das Riechsystem ist extrem anpassungsfähig. Das zeigen Studien, die mit Menschen durchgeführt wurden, die sich ständig in einem übel riechenden Umfeld bewegen müssen.

Wird das Riechsystem ständig schlecht riechenden Substanzen ausgesetzt, gewöhnt es sich daran. Die Gerüche werden nicht mehr als unangenehm empfunden.

*Vom Blütenduft überwältigt*
*zu werden,*
*ist eine lustvolle Niederlage.*
*Beverley Nichols*

# DER DUFT IN UNSERER SPRACHE

## Die Nase scheint uns oft den Weg zu weisen

*... einen guten Riecher haben*
*immer der Nase nach*
*eine Nase für etwas haben*
*auf die Nase fallen*
*das ist anrüchig*
*das riecht man drei Meilen gegen denWind*
*den Braten riechen*
*der Nase nach gehen*
*die Nase rümpfen*
*die Nase gestrichen voll haben*
*die Nase vorn haben*
*eine Nasenlänge voraus sein*
*es stinkt zum Himmel*
*hochnäsig sein*
*im Schweiße des Angesichts*
*ich bin stinkig*
*ich kann dich nicht riechen*
*in fremden Angelegenheiten schnüffeln*
*jemanden beschnuppern, um ihn kennenzulernen*
*jemanden an der Nase herumführen*
*jemanden etwas auf die Nase binden*
*jemanden gut riechen können*
*mir stinkt`s*
*sich an die eigene Nase fassen*
*sich eine goldene Nase verdienen*
*sich verduften*
*die Nase in Dinge stecken, von denen man nichts versteht*
*etwas unter die Nase reiben*
*Eigenlob stinkt*
*mir passt seine Nase nicht*
*das ist mir schnuppe ...*

# NASE UND GERUCH

## Die Riechschleimhaut wird nur durch direkte Berührung gereizt

„Verglichen mit dem ziemlich jungen Großhirn ist das Riechhirn uralt", schreibt Rüdiger Dahlke in seinem Buch *Krankheit als Sprache der Seele*. „Mit der Nase gehört es ursprünglich zu einem relativ bodenständigen Sinnesorgan. Die Witterung aufnehmende, schnüffelnde Nase war noch etwas gänzlich Tierisches. Darüber rümpfen wir heute die Nase. Stolz haben wir uns von der Erde erhoben, sind dabei hochnäsiger geworden und haben unseren guten Riecher weitgehend eingebüßt, wobei die Nasenlöcher noch immer nach unten in die Niederungen des Reiches der Mütter und der materiellen Welt weisen. Nur wenn wir uns Dinge unter die Nase reiben oder auf dieselbe binden, können wir sie über diesen Weg noch sicher wahrnehmen. Während das Auge wie eine Kamera, das Ohr wie ein Musikinstrument aufgebaut ist, beruht Riechen auf einfachem, durch das Schlüssel-Schloß-Prinzip differenziertem körperlichen Berühren.
... riechen erfordert nun direkten physischen Kontakt zwischen Absender und Empfänger ... Die Fähigkeit zu riechen entspricht dem Grad unserer seelischen Erlebnisintensität. Über die Augen erfolgt der erste Kontakt, über den KLang der Stimmen lernen wir uns kennen, über den Geruch berühren sich erstmals unsere Körper."

## DIE BEDEUTUNG DER DÜFTE

Dass Gerüche so tief in unsere Gefühlswelt eingreifen können, ist längst kein Geheimnis mehr, aber was dabei genau im Gehirn passiert, ist noch nicht eindeutig entschlüsselt. Gerüche, an die wir uns erinnern können, sind immer mit Emotionen und emotionalen Erfahrungen belegt. Gerüche können also regelrecht „Bilder" in der Erinnerung hinterlassen, die auch durch das bloße Denken an einen Geruch „wachgerufen" werden. Düfte vermitteln uns letztlich eine Vorstellung von der uns umgebenden Welt. Die meisten Menschen nutzen ihren Riechsinn nur sehr begrenzt und haben deshalb auch noch nicht herausgefunden, wie stark uns das Riechen leitet und sogar Wege weist.

# DUFTMARKEN

## Düfte ziehen uns in ihren Bann

Im Pflanzenreich werben die Blüten mit ihren reichen Wohlgerüchen um Bestäubung, im Tierreich finden sich die Partner über Duftmarken und -wolken. Und natürlich lassen sich auch die Menschen vom Duft beeinflussen. Viele Düfte werden als sinnlich betörend, verführerisch, raffiniert, unwiderstehlich, anziehend, entrückend, bezaubernd und liebreizend wahrgenommen. Wohlgerüche als Liebesstimulanzien regen die innere Sekretion an und steigern die Hormonausschüttung der Geschlechtsdrüsen. So bereiten sie das Unterbewusstsein auf sexuelle Begegnungen vor. Viele Pflanzen wirken deshalb schon allein über den Geruchssinn erotisierend.

Die Römer konnten sich den Liebesgenuss ohne wohlriechende Düfte nicht vorstellen. In der Südsee zählen wohlriechende Blumen und aus Blüten gewonnene Duftwässerchen zur Grundausstattung jeder Frau. Es gibt also viele und sehr einfache Möglichkeiten, Düfte zur erotisierenden Stimulation einzusetzen.

## EROTISIERENDE BÄDER

Wenn der Körper beim erotisierenden Bad (manche Kräuter wirken dabei direkt auf die Haut ein, andere dringen durch die Haut in den Blutkreislauf und verursachen dort die Reaktion) ganz umgeben ist vom weichen, köstlich dampfenden Wasser und den Kräuterdüften, dann wird die Seele bereit für die Liebe. Aristophanes, der griechische Dichter beschrieb bereits 400 v. Chr., dass die ganz Raffinierten verschiedene Düfte auf den Körper verteilten. Er badete tatsächlich in einer großen goldenen Wanne und tauchte seine Beine in schwere ägyptische Salben. Kiefer und Brust rieb er mit zähflüssigem Palmöl ein, beide Arme mit einem nach Minze duftenden Auszug. Die Augenbrauen und Haare mit Majoran, Knie und Nacken mit einer Essenz aus zerstossenem Thymian.

# DIE PERSÖNLICHE DUFTNOTE

## Was hinter der Fassade liegt

Duftstoffe spielen bei der Partnerwahl eine viel tragendere Rolle als beispielsweise der visuelle Eindruck. Selbst in unserer Gesellschaft, die eine reine Seh-Welt kultiviert hat, kann die schönste Fassade nicht auf Dauer darüber hinwegtäuschen, dass wir jemanden nicht riechen oder schmecken können. Selbst wenn rein optisch zwei Menschen zusammenpassen, entscheidet letztlich das viel zuverlässigere und deutlich wirksamere Riechsystem darüber, ob Schlüssel und Schloss sich gefunden haben. Die Parfümindustrie nutzt unsere Abwendung vom Riechsystem zur Platzierung ihrer eigenen, synthetischen Duftstoffe. Insbesondere Blumen- und Frühlingsdüfte sollen uns an unbeschwerte, paradiesische Zustände erinnern und uns in ein sorgenfreies Raum-Zeit-Kontinuum versetzen.

Der körpereigene Geruch scheint uns nur noch zu stinken und so wundert es nicht, dass synthetische Duftstoffe unsere Nasen quasi dauerbelegen. Die Werbung versucht uns klar zu machen, was von Natur aus gar nicht klar sein kann. Nämlich überteuerte Massenartikel zu kaufen und diese klangvollen und edel inszenierten Allerweltsdüfte für unsere persönliche Duftnote zu halten. Geschickt werden dann noch prominente Meinungsbildner in der Werbung eingesetzt, um diesen Produkten die ganz besondere Note zu verleihen. Die Maßnahmen der Werbestrategen funktionieren offensichtlich sehr gut, denn die Duftindustrie wurde längst zu einem gigantischen Wirtschaftszweig. Milliarden werden in die Werbung investiert, um das Unmögliche möglich zu machen und Massenwaren als Ausdruck von Exklusivität, Individualität und Einzigartigkeit verkaufen zu können. Dass diese Einheitsdüfte weder individuell, noch originell oder einzigartig sein können, versteht sich bei genauerer Betrachtung allerdings von selbst.

Gefühle von Lust oder Unlust
können durch Gerüche ausgelöst werden,
längst vergessene Erlebnisse
und Empfindungen sind an
ganz bestimmte Düfte geknüpft.
Auch Sympathie und Antipathie
werden durch den
körpereigenen Geruch
entscheidend beeinflusst.

# WAS SIND ÄTHERISCHE ÖLE?

## Der Duft der Blume ist das Lächeln der Pflanze

### DUFTSTOFFE DER PFLANZEN

Ätherische Öle sind pflanzliche Öle, die je nach Herkunftspflanze bestimmte Duftstoffe enthalten. Sie unterscheiden sich aber von herkömmlichen Ölen (zum Beispiel Sonnenblumenöl) dadurch, dass sie vollständig verdampfen (ätherisch heißt auf Deutsch flüchtig, leicht verdampfend) und auf Papier keinen charakteristischen „Fettfleck" hinterlassen – man nennt sie deshalb auch „trocknende Öle".

Dies ist auch eine einfache Methode, um zu überprüfen, ob ein ätherisches Öl mit einem sogenannten „fetten" Öl verschnitten wurde.

Ätherische Öle sind die Duftstoffe der Pflanzen, die bereits die Alchemisten und Heiler zu allen Zeiten und an verschiedensten Orten der Welt einzufangen und zu konservieren versuchten.

## ÄTHERISCH

Der Begriff *ätherisch* stammt von *Äther*. So nannten die Griechen den Wohnsitz der Götter. Im 18. Jahrhundert deutete dann der berühmte Philosoph Immanuel Kant den *Äther* als Urmaterie, aus der die einzelnen Stoffe entstehen und entstanden sind. Die Chemie der Neuzeit versteht unter *Äther* eine bestimmte, sehr flüchtige und gleichzeitig betäubende Flüssigkeit, die früher auch als Narkosemittel eingesetzt wurde. Im Gegensatz zu den sogenannten „fetten Ölen", die wie die ätherischen Öle natürliche Bestandteile von Pflanzen sind, besitzen alle ätherischen Öle diese Eigenschaft des Flüchtigen bzw. „schnell Verduftenden" und hinterlassen daher auch keinen Fettfleck.

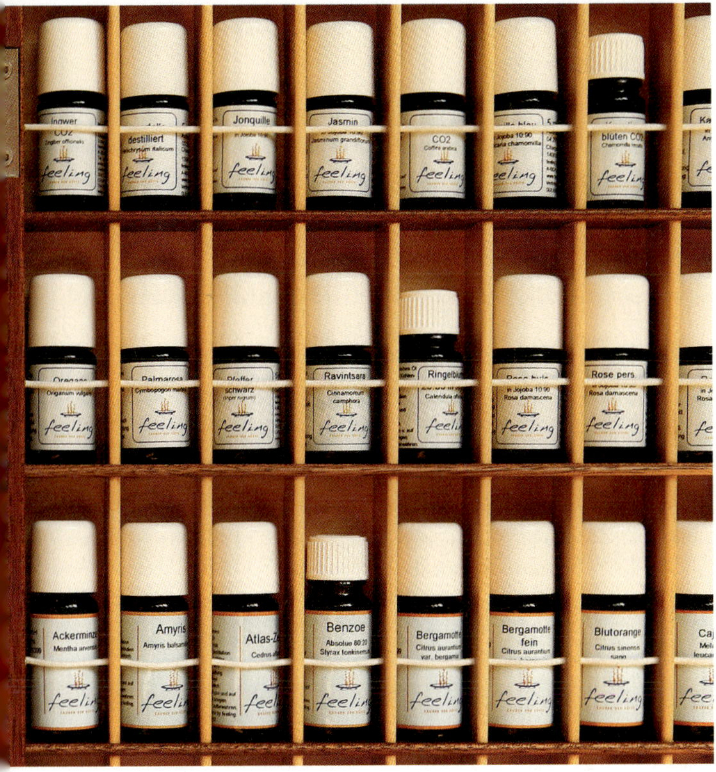


## AUF DER SUCHE NACH DER VERLORENEN ZEIT

„In der Sekunde nun, als dieser mit dem Kuchengeschmack gemischte Schluck Tee meinen Gaumen berührte, zuckte ich zusammen und war wie gebannt durch etwas Ungewöhnliches, das sich in mir vollzog. Ein unerhörtes Glücksgefühl, das ganz für sich allein bestand und dessen Grund mir unbekannt blieb, hatte mich durchströmt. Mit einem Schlage waren mir die Wechselfälle des Lebens gleichgültig, seine Katastrophen zu harmlosen Mißgeschicken, seine Kürze zu einem bloßen Trug unserer Sinne geworden; es vollzog sich damit in mir, was sonst die Liebe vermag, gleichzeitig aber fühlte ich mich von einer köstlichen Substanz erfüllt: oder diese Substanz war vielmehr nicht in mir, sondern ich war sie selbst. Ich hatte aufgehört, mich mittelmäßig, zufallsbedingt, sterblich zu fühlen."
Marcel Proust

# ÜBER DIE SEELE DER PFLANZEN

## Wie Duftstoffe wirken

Der Geruchssinn ist einer der ältesten Sinne in der Evolution des Menschen. Die über den Geruchssinn aufgenommenen Reize werden an andere Teile des Gehirns weitergeleitet und lösen dort eine Reihe von körperlichen und emotionalen Reaktionen aus. Gerüche bewirken, dass die am Hypothalamus sitzende Hypophyse angeregt wird, Hormone auszuschütten, welche Einfluss auf alle Körpervorgänge haben und das gesamte Stoffwechselsystem steuern. Düfte hinterlassen also einen inneren Abdruck und verändern die Gehirnströme, nehmen Einfluss auf die Hormonproduktion und können so zum allgemeinen Wohlgefühl oder Unwohlsein beitragen. Die Geruchswahrnehmung löst komplexe Vorgänge im Gehirn aus. Somit können sie eine seelische, stoffliche und bewusstseinsverändernde Wirkung haben. Sie können starke seelische Widerstände und Blockaden lösen, Träume aktivieren, das Erinnerungsvermögen stärken.

Bereits ein einziges Duftmolekül wirkt so über dieses komplizierte Leitsystem direkt auf den Teil des Gehirns, der das Unterbewusstsein, die Emotionen und die Instinkte leitet, ohne dass der analysierende Verstand des Bewusstseins zensierend darauf einwirken könnte. So ist das Dufterleben ein wichtiger Zugang zu unbewussten Bereichen, die dem Menschen sonst verschlossen sind. Gefühle von Lust oder Unlust können durch Gerüche ausgelöst werden, längst vergessene Erlebnisse und Empfindungen sind an ganz bestimmte Düfte geknüpft. Auch Sympathie und Antipathie werden durch den körpereigenen Geruch entscheidend beeinflusst. Diese Reaktion liegt meistens außerhalb der bewussten Wahrnehmung.

## ÄTHERISCHE ÖLE STÄRKEN SCHWACHSTELLEN

Der Schlüssel dafür liegt sicher auch in der vielschichtigen chemischen Zusammensetzung der Öle. Jene Substanzen, die wir in den Ölen finden, sind aufgrund ihrer biologischen Natur geeignet, in Stoffwechselprozesse stärkend und regulierend einzugreifen und Schwachstellen zu stärken.

Allerdings muss man sich vor Augen halten, dass Öle keine Pillen sind. Sie können bei verschiedenen Menschen unterschiedliche Wirkungen entfalten, d. h. nicht jeder reagiert auf jedes Öl gleich. Das ist mit ein Grund dafür, dass es sehr schwer ist, den Wirkungsnachweis mit schulmedizinischen Methoden zu liefern.

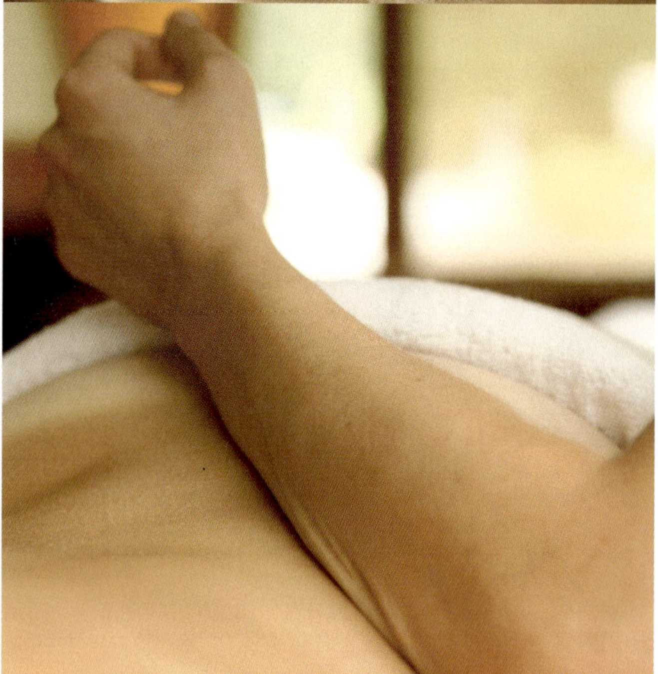

# QUALITATIVE ANSPRÜCHE

## Worauf Sie achten sollten

Wenn wir von der Seele der Pflanzen sprechen und uns bewusst machen, dass die Wirkung auf den Menschen insbesondere auch auf einer feinstofflichen und höheren Ebene stattfindet, wird deutlich, wie wichtig es ist, nur hochqualitative Essenzen zu verwenden. Die höchsten Ansprüche an Reinheit und Qualität sollten Ihnen gerade gut genug sein. Natürlich beeinflussen ätherische Öle auch körperliche Funktionen – insbesondere jedoch werden die mentale, emotionale und spirituelle Qualität angesprochen. Wenn Sie also nicht nur Teilkomponenten nutzen wollen, sondern die volle Wirkung von ätherischen Ölen zu genießen wünschen, dann achten Sie auf das Etikett, welches Ihnen wichtige Informationen über Qualität, das Ursprungsland, die Gewinnungsart, das Verfallsdatum, die Füllmenge, die Chargennummer sowie wichtige Sicherheitshinweise liefert.

### HALTBARKEIT UND LAGERUNG

Man sollte unbedingt darauf achten, die jeweiligen Behältnisse gut zu verschließen, da sich ätherische Öle sehr schnell verflüchtigen. Sie sollten in dunklen, fest verschließbaren Glasflaschen aufbewahrt werden, da die Essenzen sehr lichtempfindlich sind und sich ihre Qualität deutlich reduziert, wenn man sie direktem Licht aussetzt. Auch Hitze sollte vermieden werden. Wenn die Öle richtig gelagert werden, sind sie durchaus mehrere Jahre, manche sogar Jahrzehnte haltbar. Empfindliche Zitrusöle sind in der Regel nicht länger als eineinhalb Jahre haltbar. Das Verbrauchsdatum muss unbedingt auf dem Fläschchen angegeben sein. Wenn ätherische Öle trüb werden, sollten sie nicht mehr auf der Haut verwendet werden. Achten Sie darauf, dass die Öle keinesfalls in die Hände von Kindern gelangen.

# NATURREIN, NATÜRLICH UND REIN

## Für den uninformierten Konsumenten leicht irreführend

„Naturrein" bezeichnet ein unverfälschtes Öl ohne weitere Beimengungen. Sie bekommen Ihr Öl so, wie es aus der Pflanze gewonnen wird. Der Begriff „natürlich" hingegen sagt noch nichts über den Reinheitsgehalt aus, da andere ätherische Öle beigemengt worden sein könnten. „Rein" ist sehr unverbindlich und vage, da auch chemische Substanzen „rein" sein können. Da der Markt von synthetisch hergestellten Ölen überschwemmt wird und eben erwähnte „natürliche" ätherische Öle oft mit billigeren oder künstlich erzeugten Substanzen verschnitten werden, ist das Wissen um die Reinheit der Produkte unabdingbar.

*Aromatherapie dient der Harmonisierung des Menschen und beschreibt die gezielte Behandlung von Befindlichkeitsstörungen und Erkrankungen mit ätherischen Ölen.*

# DIE REINE SCHÖNHEIT

## aus: *Das Parfum*, von Patrick Süskind

„Er war schon im Begriff, die langweilige Veranstaltung zu verlassen, um an der Galerie des Louvre entlang heimwärts zu gehen, als ihm der Wind etwas zutrug, etwas Winziges, kaum Merkliches, ein Bröselchen, ein Duftatom, nein, noch weniger: eher die Ahnung eines Dufts als einen tatsächlichen Duft – und zugleich doch die sichere Ahnung von etwas Niegerochenem. Er trat wieder zurück an die Mauer, schloss die Augen und blähte die Nüstern. ... Er versuchte, sich an irgendetwas Vergleichbares zu erinnern und musste alle Vergleiche verwerfen. Dieser Geruch hatte Frische; aber nicht die Frische der Limetten oder Pomeranzen, nicht die Frische von Myrrhe oder Zimtblatt oder Krauseminze oder Birken oder Kampfer oder Kiefernnadeln, nicht von Mairegen oder Frostwind oder von Quellwasser ... und er hatte zugleich Wärme; aber nicht wie Bergamotte, Zypresse oder Moschus, nicht wie Jasmin und Narzisse, nicht wie Rosenholz und nicht wie Iris. ... Hunderttausend Düfte schienen nichts mehr wert vor diesem einen Duft. Dieser eine war das höhere Prinzip, nach dessen Vorbild sich die andern ordnen mussten. Er war die reine Schönheit."

*Die Natur offenbart sich hier in ihrer ganzen Größe.*
*Augen und Gedanken schwelgen.*
*Der Dichter kann es besingen, der Maler in reichen Bildern darstellen, aber den Duft der Wirklichkeit, der dem Betrachter auf ewig in die Sinne dringt und darin bleibt, können sie nicht wiedergeben.*
*Hans Christian Andersen*

## GERUCHSVERÄNDERUNG

Überall dort, wo sich mehrere Menschen für längere Zeit in einem Raum aufhalten, entwickelt sich durch die Ausdünstung eine nicht immer ganz dufte Grundstimmung. Jeder kennt diese spezifischen Grundstimmungen in Altersheimen, Krankenhäusern oder Gaststuben.

Alles riecht irgendwie auffallend einschlägig: Restaurants, Hotel- und Wartezimmer, Kneipen oder selbst Tennishallen. Die Sauna muss nicht unbedingt nach Schweiß riechen und das Schwimmbad nicht nach Chlor. Viele dieser Umgebungen könnten positiv verändert werden.

# RAUMKLIMA

## Einfache Möglichkeiten, Räume positiv zu beleben

Die Evolution hat unter unterschiedlichen klimatischen Bedingungen vollkommen andersartige Pflanzen und Tiere hervorgebracht, die sich den jeweiligen Umgebungsfaktoren perfekt angepasst haben. Die Temperatur, die Luftfeuchtigkeit, der Sauerstoffgehalt und die „Schwingungen" bestimmen unter anderem das Raumklima. Dieses Raumklima wiederum beeinflusst unsere Stimmung, unsere Entwicklung und unser Wohlbefinden in einem besonderen Maße. Hier in Europa verbringen die Menschen rund 80 % ihrer Lebenszeit in geschlossenen Räumen. Wohngifte und eine unzureichende Durchlüftung wirken sich sehr negativ auf unser Immunsystem und unsere psychische Verfassung aus. Viren, Bakterien und Schimmelpilze zirkulieren ständig durch solche Räume und machen auf lange Sicht krank. Allergien und Überempfindlichkeiten sowie das hinlänglich bekannte „Sick-Building-Syndrom" sind auf dem Vormarsch.

Ätherische Öle können natürlich keine toxischen oder gesundheitsbelastenden Emissionen eliminieren oder zudecken. Dort aber, wo die wohlbekannte „dicke und stickige Luft" andere Ursachen hat, kann man mit speziell konzipierten Duftmischungen phänomenale Wirkungen erzielen. Ätherische Öle wirken antiviral, bakteriostatisch und fungizid, was ihren Einsatz in klimatisierten Räumen eigentlich zum Standard machen sollte. Die wohltuende und leistungsfördernde Wirkung muss hier nur noch am Rande erwähnt werden. Dass in einem solchen Klima friedlichere und entspanntere soziale Interaktionen stattfinden, die Menschen zufriedener mit sich und ihrer Arbeit sind, die Lebensqualität und Freude zunehmen, versteht sich von selbst. In verschiedenen Studien wurde belegt, dass sich Stimmungen und Befindlichkeiten mittels geeigneter Duftstoffe gezielt und eindeutig positiv beeinflussen lassen. Überall dort, wo man einem abgestandenen und träge anmutenden Klima entgegenwirken möchte, kann man ätherische Öle erfolgreich einsetzen.

# DIE LEICHTIGKEIT DES SEINS

## Sehnsucht nach der Unbeschwertheit

Düfte spielen eine wesentlich entscheidendere Rolle in unserem Leben, als uns dies in der Regel bewusst ist. Sobald wir uns dieser Tatsache jedoch bewusst werden, können wir aktiv werden und damit beginnen, unsere Stimmungen, Gefühle und unseren Lebenstakt positiv zu beeinflussen. Schon immer hat es Menschen fasziniert, sich das Gefühl der Unbeschwertheit, also der Leichtigkeit des Seins, zugänglich zu machen. Es scheint und wirkt wie eine Rückkehr in den Zustand der Körperlosigkeit, als wir nur Seele waren. Wir Menschen sehnen uns alle nach diesen Momenten des Schwebens – vielleicht weil sie uns daran erinnern, wie „Gottgewollt" wir sind. Die gesamte Wellnessbranche lebt von der Sehnsucht nach diesen Momenten der Einheit und körperlosen Leichtigkeit. Ganz einfach ausgedrückt geht es um den Wunsch, dem allseits bekannten „Hamsterrad" zu entfliehen und den „Alltagsdruck" mit seinen Zwängen, Bürden und Sorgen hinter sich zu lassen. Augenscheinlich haben wir über dem ständigen Streben nach Materiellem, nach Leistungsmaximierung, Profit und Effizienz das Gefühl für die Leichtigkeit des Seins verloren. Letztlich geht es um die Erinnerung des „Einsseins", also um die Wahrnehmung, „ungetrennt" zu sein und aus diesem Erleben ein tiefes Gefühl der Geborgenheit und Sicherheit zu erfahren. Nur ein solches Gefühl lässt uns Vertrauen finden – in uns selbst und damit in die Welt. Wenn wir an dieser Stelle von Schwebeerfahrungen und von Leichtigkeit sprechen, wird offensichtlich, was die in den Äther reichenden ätherischen Öle mit diesem Ansinnen zu tun haben. Sie nehmen uns förmlich mit auf ihre luftige Reise, tragen uns jenseits der angesammelten Schwere des Alltags. Besonders wenn es darum geht, dem Zuhause einen luftigen, leichten und fröhlichen Duft zu unterlegen, bewirken entsprechende Duftmischungen wahre Wunder. Aber auch wenn wir uns zurückziehen und meditieren, wenn wir abschalten und unserer Seele die notwendige Ruhe gönnen, geleitet uns die „Seele der Pflanzen" auf einen Weg zur Einfachheit und Natürlichkeit.

*Echte Seinserfahrung erweist und erfüllt sich erst im Gehorsam gegenüber dem Ruf, sich nun wirklich zu dem zu verwandeln, als den man sich in der Erfahrung für einen Augenblick erfuhr.*
*Karlfried Graf Dürckheim*

# FEELING GOOD

## Leben in der Gleichzeitigkeit

„Sobald aber ein bereits gehörtes Geräusch, ein schon vormals eingeatmeter Duft von neuem wahrgenommen wird, und zwar als ein gleichzeitig Gegenwärtiges und Vergangenes, ein Wirkliches, das gleichwohl nicht dem Augenblick angehört, ein Ideelles, das deswegen dennoch nichts Abstraktes bleibt, wird auf der Stelle die ständig vorhandene, aber gewöhnlich verborgene Wesenssubstanz aller Dinge frei, und unser wahres Ich, das manchmal seit langem tot schien, aber es doch nicht völlig war, erwacht und gewinnt neues Leben aus der göttlichen Speise." Marcel Proust

# DIE STIMMEN DER NATUR

von Khalil Gibran

*Wenn die Vögel singen, rufen sie dabei die Blumen des Feldes*
*oder sprechen sie mit den Bäumen,*
*oder ist ihr Gesang nur ein Widerhall dessen,*
*was das Bächlein murmelt?*
*Der Mensch mit all seiner Klugheit kann nicht verstehen,*
*was die Vögel sagen oder was der Bach vor sich hinmurmelt*
*oder was die Wellen flüstern,*
*wenn sie langsam und sanft den Strand berühren.*
*Der Mensch in all seiner Klugheit kann nicht verstehen,*
*was der Regen spricht,*
*wenn er auf die Blätter in den Bäumen fällt*
*oder wenn er aufs Fensterbrett tropft.*
*Er weiß nicht, was der flüchtige Wind den Blüten zu erzählen hat.*
*Aber das Herz des Menschen ist imstande,*
*die Bedeutung dieser Stimmen zu fühlen und zu begreifen.*
*Oftmals bedient sich die ewige Wahrheit*
*einer geheimnisvollen Sprache.*
*Seele und Natur unterhalten sich miteinander,*
*während der Mensch abseits steht, sprachlos und verwirrt.*
*Und hat der Mensch nicht Tränen vergossen über diese Stimmen?*
*Sind seine Tränen nicht ein beredtes Zeugnis seines Verstehens?*

# AROMATHERAPIE

## Die kontrollierte Anwendung von ätherischen Ölen

Auch wenn dieses Buch einen anderen Anspruch erfüllt, als ein Aromatherapiebuch zu sein, möchten wir auf dieses Thema kurz eingehen und an dieser Stelle aus dem sehr empfehlenswerten Buch *Aromatherapie für Pflegeberufe* der Aromaexpertin Eliane Zimmermann zitieren: „Unter Aromatherapie versteht man die kontrollierte Anwendung von natürlichen ätherischen Ölen, um die körperliche und psychische Gesundheit zu erhalten. Die kontrollierte Anwendung umfasst viele unterschiedliche Anwendungsarten, die von Beruf zu Beruf variieren: Eine Ärztin wendet die ätherischen Öle anders an als zum Beispiel eine Aromapraktikerin, Duftberaterin oder Erzieherin. Die kontrollierte und bewusste Anwendung von natürlichen ätherischen Ölen wird erfolgreich bei Infektionen, psychischen, nervlichen und hormonellen Störungen, äußerlichen Entzündungen, Hauterkrankungen, Allergien und bei Stoffwechselerkrankungen eingesetzt ... Die Therapie mit ätherischen Ölen ist ein Teilbereich der Phytotherapie. Sie gehört damit zur so genannten 'regulativen Medizin' mit einer klaren Beziehung zwischen Präparat und Wirkung. Dem Körper wird mit sanften Heilmitteln ein 'Angebot' gemacht – und er verarbeitet diese so, wie sie ihm im jeweiligen Moment am besten tun. So ist zu erklären, dass beispielsweise Lavendelöl auf manche Menschen stark beruhigend wirken kann, während andere davon so richtig fit werden.

Mit naturwissenschaftlichen Methoden ist dieses Phänomen kaum zu beschreiben, dennoch kann es nicht abgestritten werden, kommt es doch tagtäglich vor: Jede Hebamme weiß beispielsweise, dass sich die Zusammensetzung der Milch einer stillenden Frau den Bedürfnissen des gestillten Säuglings auf wundersame Weise anpasst. Der Nährstoffgehalt passt sich ständig der jeweiligen Entwicklungsphase des Babys an. Doch wie der weibliche Körper in diesem Moment 'weiß', wann der kleine Mensch was braucht, bleibt (noch) ein Geheimnis. Ähnlich 'weiß' der aus dem Gleichgewicht geratene Körper meistens, was er mit ihm zugeführten Zubereitungen aus Pflanzen 'tun' soll.

Der Nachteil dieser schonenden Arbeit: Es kann Wochen oder gar Monate dauern, bis der Körper wieder im Lot ist. Jedoch sind zumindest kleine Wirkungen meistens sofort zu beobachten, und was vielleicht der wichtigste

Aspekt ist: Wenn das richtige Mittel oder die richtige Kombination gefunden wurde, ist der Erfolg meist sehr anhaltend. Anders wirken die meisten allopathischen Medikamente: Sie heilen selten die Ursachen der jeweiligen Erkrankung oder Störung, sondern dämmen die Symptome und töten bei Bedarf die Krankheitserreger ab. Das ist in Fällen von lebensbedrohlichen, akuten oder schmerzhaften Krankheiten wichtig und hilfreich. Bei chronisch kranken und psychosomatisch leidenden Menschen, empfindlichen Personen, Kindern etc. sind die unerwünschten Nebenwirkungen jedoch oft problematischer als die eigentliche Hilfe. Die konventionelle Medizin arbeitet oft wie der Besitzer eines Autos, welcher sich über klappernde Geräusche aufregt, dann den losen Auspuff abreißt und nun glaubt, damit sei das Problem behoben.

Bei einem Fahrzeug, um dieses Beispiel weiterzuverfolgen, ist die unerwünschte Nebenwirkung 'Funktionsstörung' leicht ersichtlich. Beim allopathisch behandelten Menschen sind die Begleitumstände oft verborgener. Oder die unerwünschten Nebenwirkungen werden dem Zufall zugeschrieben. Doch nicht umsonst wird für nebenwirkungsreiche (Kampf-)Mittel ein 'Waffenschein', die Rezeptpflicht, vorgeschrieben.

In der Aromatherapie konzentrieren wir uns auf die lipophilen Bestandteile einer Pflanze: die ätherischen Öle. Diese können wiederum aus vielen hundert Bestandteilen zusammengesetzt sein, es sind pharmakologisch gesehen Vielstoffgemische ...

Je nach Befindlichkeit des Patienten und zu behandelnder Störung erfolgt die Aufnahme der ätherischen Öle durch:

die Nase (Duftlampe, Spray, Inhalation, Raumbeduftungsgerät);

die Haut (Massage, Einreibung, Bad, Kompresse, Wickel);

die Schleimhaut: Anus (Zäpfchen) und Vagina (Zäpfchen, Tampons);

den Mund (Nahrung, Tropfen, Kapseln, Inhalation);

Wobei auch die Aufnahme über die Nase oder den Mund über Schleimhäute erfolgt, die einzelnen Gebiete lassen sich nicht eindeutig voneinander trennen."

*Die gebräuchlichste Methode, um ätherische Öle zu gewinnen, ist die Wasserdampfdestillation. Die großen Behältnisse werden Alambique genannt.*

## HOCHEFFEKTIVE MITTEL

Sowohl in der Krankenpflege als auch in der Gesundheitsvorsorge können ätherische Öle sehr sanft und schonend eingesetzt werden. Dennoch sind sie sehr effektive Mittel, die durchaus auch unerwünschte Nebenwirkungen haben können. Sie sollten deshalb nicht ohne Fachwissen eingesetzt werden. Der auf ätherische Öle spezialisierte französische Allgemeinarzt Dr. Daniel Pénoël hat nach eigenem Bekunden in zehn Jahren lediglich zwei PatientInnen mit Antibiotika behandeln müssen, und das nur auf Wunsch von ängstlichen Eltern. Das komplexe Vielstoffgemisch in ätherischen Ölen schafft es auf einzigartige Weise, im Organismus des Menschen nur dort einzugreifen, wo es etwas zu korrigieren gibt – immer vorausgesetzt, die Öle werden korrekt und verträglich dosiert.

LAVENDEL Blühende Lavendelfelder in der Provence, Südfrankreich

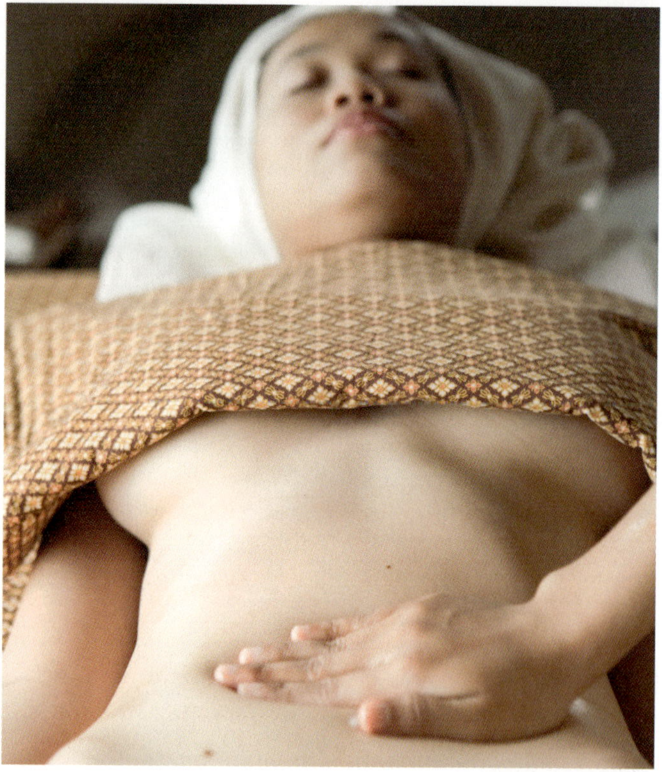

## GANZHEITLICH ARBEITEN

Viele ätherische Öle leiten seelische Prozesse ein, sodass die Aromamassage ein wirklich ganzheitliches Arbeiten fördert. Die Öle ermöglichen manchmal sogar erst, dass sich ein chronisch angespannter Mensch dieser Methode öffnen kann, um nach und nach optimal davon profitieren zu können.

Wichtig bei einer wirklich heilsamen, entspannenden Massage sind allerdings einige Voraussetzungen wie beispielsweise ein ruhiger, gut durchwärmter Raum, dezente Beleuchtung, professionelles Arbeiten. Und es gibt auch einige Vorsichtsmaßnahmen beziehungsweise Kontraindikationen zu beachten.

# AROMAMASSAGE

## Eliane Zimmermann über die Gesundheit von Körper und Geist

„Berührung, der Kontakt von Haut zu Haut, von der Hand des einen Menschen zum Körper des anderen Menschen – das ist die älteste Form der Kommunikation und auch der Heilkunst.

Der direkte manuelle Kontakt zu einem Menschen, sei er erkrankt oder einfach nur ein wenig gestresst, gehört zu den grundlegenden Bedürfnissen des Menschen. Ein Neugeborenes verkümmert ohne ausreichende Streicheleinheiten, ganz ohne diese Zuwendung kann es sogar sterben. Es ist schon längst kein Geheimnis mehr, dass Stress und Angst die Anfälligkeit für Krankheiten stark erhöhen können. Belastende Lebenssituationen können sogar zum Tod führen. Heute wissen wir aus der Psychoneuroimmunologie, dass das Immunsystem durch Berührungen positiv beeinflusst wird. Der Zustand der tiefen Entspannung während der Massage lässt im Gehirn die langsamen, wohltuenden Alphawellen vorherrschen. Das führt zu einem tranceartigen Zustand, in dem der Körper seine Regenerationsfähigkeiten besser ausnutzen kann als im Betawellen-Zustand, der für Aufmerksamkeit und Schnelligkeit sorgt. Endorphine , die schmerzlindernd wirken und ein Gefühl der Zufriedenheit oder gar der Euphorie entstehen lassen, werden während einer ruhigen Massage vermehrt produziert. Indem wir Muskeln und das darunter liegende Bindegewebe massieren, können wir nach und nach Verhärtungen auflösen, der 'Körperpanzer' kann wieder lernen, loszulassen. Auch seelische Prozesse können so ganz sanft aufgearbeitet werden.

Bei der Wiederherstellung des gesunden Zustandes ist die Gewährleistung einer guten Durchblutung wichtig, denn nur so wird jedes Gewebe optimal versorgt und kann sich regenerieren.

Das schlackstoffreiche, sauerstoffarme Blut wird besser abtransportiert. Gerade wenn der Klient sich nicht mehr ausreichend aktiv bewegen kann, stellt die Massage ein ideales Mittel zur Verbesserung von Gesundheit und Wohlbefinden dar. Die ätherischen Öle unterstützen die entspannenden und reinigenden Prozesse sehr stark. Massage ergänzt in idealer Weise Entspannungsübungen und sportliche Aktivitäten."

*Erfülle deine Wohnstätte mit
einer Vielzahl von Düften
wie Moschus und mit den
Wohlgerüchen von Rosen,
Orangenblüten, Narzissen,
Jasmin, Hyazinthen und Nelken
...
fülle das goldene Räuchergefäß
mit grüner Aloe und Ambra ...
befestige die Aufhängung so,
daß nichts von diesen
Wohlgerüchen verfliegen kann
...
wenn der Räucherdampf stark
genug ist, laß deine Angebetete
kommen. Sie wird es genießen,
diese Düfte einzuatmen,
ihre Gliedmaßen werden sich
entspannen und nachgiebig
werden und am Ende wird sie
in Verzückung geraten.*
*Shaykh Nefzawi*

# MUSIK FÜR UNSERE SINNE

Pflanzendüfte wirken

*„Poesie ist wie ein Duft,
der sich verflüchtigt und dabei in
unserer Seele die Essenz der
Schönheit zurücklässt",
schrieb Jean Paul der um die
heilende Wirkung des Schönen,
jener leisen Hintergrundmusik,
die uns sanft trägt und begleitet,
wusste.*

*Das Äußere einer Pflanze ist nur die Hälfte ihrer Wirklichkeit.*
*Johann Wolfgang von Goethe*

*Du bist wie eine Blume,*
*So hold und schön und rein;*
*Ich schau dich an, und Wehmut*
*Schleicht mir ins Herz hinein.*
*Mir ist, als ob ich die Hände*
*Aufs Haupt dir legen sollt,*
*Betend, daß Gott dich erhalte*
*So rein und schön und hold.*
*Heinrich Heine*

# DAS TOR ZU EINER UNSICHTBAREN WELT

## Duft ist das Gefühl der Pflanzen

„Die Blume erweist sich als größerer Pionier eines neuen Verhältnisses zwischen Welt und Seele, als wir ahnen. Zum schönsten Erlebnis des Gärtners gehört die Erfahrung, daß Pflanzen- und Gartenfreude in so hohem Maße menschenverbindend wirkt, ja Menschen aus Stummheiten gegeneinander löst! Sie spüren es insgeheim, daß all dies höhere Pflanzenblühen auch auf ein höheres Blühen der Menschenwelt hinzielt.

Es gehen unvorstellbare Wirkungen von Gärten und Blumen aus. Schade jedoch um die vielen schönen Dinge, die ungerochen bleiben. Das Musikinstrument der Nase wird erstaunlich wenig benutzt, ein zugeklappter Bechsteinflügel. Noch ahnen die Menschen selten, wieviel Haus- und Gartenmusik das Duftreich der Pflanzen ihnen schon durch ein Gartenzaunbeet schenken könnte."

Prof. Karl Foerster

# DUFTREZEPTUREN

Praktische Tipps für die Anwendung

*Der Duft der Dinge ist die*
*Sehnsucht,*
*die sie uns nach sich erwecken.*
*Christian Morgenstern*

# WICHTIG!

## Die richtige Anwendung und Dosierung

Duftlampe

Für die Duftlampe werden je nach Raumgröße meist nicht mehr als 6 Tropfen verwendet. Da jedoch einige Rezepte mehrere Öle enthalten, empfehlen wir, diese in einer 5 ml Flasche mit Tropfeinsatz anzumischen (z.B. Rezept mal 10). Wenn man diese Mischung dann noch einige Tage reifen lässt, wirkt der Duft wesentlich besser und intensiver.

Bei einigen der nachfolgenden Rezepte ist die Bezeichnung „in Jojoba" angegeben (z. B. „Jasmin in Jojoba"). Dies bedeutet, dass das ätherische Öl im Verhältnis 10:90 mit fettem Jojobaöl gemischt ist. Dadurch können das ätherische Öl und der Duft leichter dosiert werden. Solche Mischungen hinterlassen jedoch Rückstände des Jojobaöls in der Duftlampe.

Ölbad

5 Tropfen der Duftkomposition werden in 1 Esslöffel (5 ml) fettes Öl (Mandelöl), Sahne oder Honig gegeben (der Honig macht übrigens keine klebrige Haut, wie oft befürchtet wird).

Massageöl

4 Tropfen der Duftkomposition auf 2 Esslöffel (10 ml) Mandelöl.

Ein Tipp: Sollte Ihnen ein Duft oder eine Duftkomposition gar nicht bekommen, dann brauchen Sie ihn nicht unbedingt zu riechen. Sie können damit auch einfach ihre Fußsohlen einmassieren und so die Wirkung dieser ätherischen Öle erfahren.

Detaillierte Informationen zu den verschiedenen Anwendungsarten finden Sie auch im Buch *a magical feeling*.

## INHALATION UND DUFTLAMPE

Die naheliegendste Anwendung der Aromatherapie ist sicherlich das Einatmen der Düfte durch die Nase. Sie hat eine jahrtausendealte Tradition und wirkt am schnellsten – vor allem im psychischen Bereich. Duftlampen und -zerstäuber kann jeder überall erwerben, Inhalationen kann man sehr einfach zu Hause anwenden.

# KONTRAINDIKATIONEN

## In welchen Fällen Sie ätherische Öle nicht verwenden sollten

Einige ätherische Öle haben Nebenwirkungen, die bei unsachgemäßer Anwendung gesundheitschädlich sein können. Grundsätzlich lässt sich jedoch sagen, dass bei der bewussten und kompetenten Anwendung sehr selten Komplikationen auftreten. Allergien sind äußerst selten, kommen allerdings vor.

Bestimmte Menschen, wie „Bluter", Menschen, die „blutverdünnende" Medikamente einnehmen müssen, Menschen die einen zu hohen Augeninnendruck haben, Patienten mit Herzrhythmusstörungen, Schwangere und Kinder etc. müssen die intensive Anwendung von bestimmten ätherischen Ölen meiden. Mehr darüber erfahren Sie in der überarbeiteten Auflage von *Aromatherapie für Pflege- und Heilberufe* (Sonntag Verlag 2006).

Allergiker und empfindliche Personen sollten die gewählten Öle zunächst behutsam testen. Bei der Verwendung einer dem jeweiligen Menschen angemessenen Dosis sind Unverträglichkeitserscheinungen allerdings sehr unwahrscheinlich.

In diesem Buch geht es allerdings nicht um die Heilung von Krankheitsbeschwerden im klassischen Sinne. Wir beschreiben also weniger die Veränderung defizitärer Zustände, sondern folgen der Idee, wichtige Lebensthemen und Entwicklungsprozesse mit Düften positiv zu begleiten bzw. zu beeinflussen. Dementsprechend fein und unbedenklich sind alle unsere Rezepturen dosiert. Es geht demnach mehr um den Grundtakt und die hinter allem liegende Grundschwingung – sozusagen um den atmosphärischen Raum, der uns umgibt und uns bei der Bewältigung bevorstehender Aufgaben unterstützen soll.

Veränderung wirkt nach außen oft sehr dramatisch – was uns zu dieser Veränderung führt, kann jedoch auf einer sehr dezenten und kaum wahrnehmbaren Ebene entschieden werden. Über diese Ebene schreiben wir hier.

*In den Kräutern ist die ganze Kraft der Welt. Derjenige, der ihre geheimen Fähigkeiten kennt, der ist allmächtig.*
*Indische Weisheit*

# DURCHBLICK GEWINNEN

Klar sehen und sich einen freien Überblick verschaffen

## DURCHBLICK

1 Tropfen (Tr.) Ingwer
1 Tr. Pfefferminze
3 Tr. Zitrone
2 Tr. Eucalyptus radiata
1 Tr. Zypresse
3 Tr. Lemongrass
6 Tr. Blutorange

*Mache dir selbst zuerst klar, was du sein möchtest;*
*und dann tue, was du zu tun hast.*
*Epiktet*

# AN ANGST UND TRAURIGKEIT WACHSEN

Bei Albträumen und Angstgedanken

**WEICHE UND MILDE GEDANKEN**

1 Tr. Veilchen in Jojoba

3 Tr. Melisse in Jojoba

1 Tr. Kamillenblüten Co2

*Mündig ist nicht, wer glaubt,*

*Angst, Traurigkeit und Verzweiflung*

*überwinden zu können,*

*sondern wer sie zu*

*durchleuchten vermag*

*und daran wächst.*

*Karlfried Graf Dürckheim*

# VERTRAUEN IN DIE ZUKUNFT

Eine positive Sicht auf das Bevorstehende einnehmen

*Zwei Dinge verleihen der Seele*

*am meisten Kraft;*

*Vertrauen auf die Wahrheit und*

*Vertrauen auf sich selbst.*

*Lucius Annaeus Seneca*

**VERTRAUEN IN DIE ZUKUNFT**

1 Tr. Basilikum
2 Tr. Kamille blau in Jojoba
4 Tr. Grapefruit
2 Tr. Mimose in Jojoba
2 Tr. Tonka 50:50

# MUT, GEFÜHLE ZU DURCHLEBEN

## Wie aus Konfrontation eine große Kraft entstehen kann

„Es ist sehr schmerzhaft, sich echten Gefühlen zu stellen, weil wir diese Konfrontation nicht kennen, ihr zeitlebens ausgewichen sind. Die meisten Menschen fürchten sich vor ihren Gefühlen. Viel lieber verstecken sie sich hinter ihrem Denken, errichten einen Schutzwall gegen die scheinbare emotionale Bedrohung. Aber um frei zu werden, führt kein Weg an unseren Gefühlen vorbei, mögen sie zu Anfang noch so schmerzhaft und unerträglich erscheinen. Sobald Sie sich dazu entschieden haben, alles, was an Gefühlen in Ihnen existiert, hochkommen zu lassen, es intensiv anzuschauen, diese Gefühle zu durchleben, erwächst Ihnen daraus eine kolossale Kraft, von deren Vorhandensein Sie bisher keine Ahnung hatten."
Theo Fischer

## MUT ZU GEFÜHLEN

2 Tr. Neroli in Jojoba
1 Tr. Mimose in Jojoba
1 Tr. Vetiver
1 Tr. Pfeffer
2 Tr. Grapefruit
2 Tr. Bergamotte
2 Tr. Douglasfichte
2 Tr. Jasmin in Jojoba

# DIE ZUVERSICHT STÄRKEN

## Befreiung von jenem, das uns belastet

„Volles Aus- und Einatmen ist also vor allem dann möglich, wenn man sich innerlich frei genug fühlt, Bekanntes loszulassen und Unbekanntes bereitwillig anzunehmen. Beim vollständigen Ausatmen leeren wir uns gleichsam aus und befreien uns nicht nur von Kohlendioxid, sondern auch von überflüssiger Anspannung, abgenutzten Vorstellungen und Empfindungen. Und voll einatmen heißt, sich zu erneuern; wir nehmen frischen Sauerstoff auf, aber auch neue Eindrücke von allen Dingen und Geschehnissen in uns selbst und unserem Umfeld. Beide Atembewegungen sind auf den 'unbewohnten, leerstehenden Raum' im Zentrum unseres Seins angewiesen. Das Gefühl für diesen inneren Raum (und die Stille), das sich mitunter in der natürlichen Pause zwischen Aus- und Einatmen bemerkbar macht, weist uns den Weg ins Unbekannte."

Dennis Lewis

**DEN ÄRGER LOSLASSEN**

3 Tr. Grapefruit

4 Tr. Melisse in Jojoba

1 Tr. Kamille blau in Jojoba

1 Tr. Immortelle

**BODENKONTAKT**

1 Tr. Zypresse
1 Tr. Geranium
6 Tr. Orange
2 Tr. Atlas Zeder
2 Tr. Sandelholz

# KONTAKT MIT DEM BODEN FINDEN

In Verbindung mit der Erde sein

*Im buchstäblichen Sinn stehen alle Menschen*

*mit beiden Beinen auf der Erde,*

*im energetischen Sinn ist das aber*

*nicht immer der Fall. Wenn die Energie eines*

*Menschen nicht kräftig in seine Füße fließt,*

*ist sein energetischer und gefühlsmäßiger Kontakt*

*zum Boden begrenzt.*

*Alexander Lowen*

# DIE KOMMUNIKATION ANREGEN

Miteinander reden zu können, macht uns zu Menschen

**KOMMUNIKATION**

1 Tr. Salbei
1 Tr. Muskatellersalbei
1 Tr. Litsea Cubeba
2 Tr. Zitrone
3 Tr. Rose in Jojoba

*Die Menschheit zur Freiheit bringen, das heißt,*
*sie zum Miteinander reden bringen.*
Karl Jaspers

# DAS ALTE LOSLASSEN

Leid ist Schmerz, an dem wir festhalten

*Laß los, was du festhältst,*

*Und alles wahrhaft dir Gehörende*

*Wird wie durch einen Zauber*

*Sofort in deinem Leben erscheinen.*

*Paul Williams*

LOSLASSEN VOM ALTEN

1 Tr. Karottensamen in Jojoba
4 Tr. Rose in Jojoba
1 Tr. Immortelle
1 Tr. Majoran
1 Tr. Myrte
1 Tr. Geranium

# (GEM)EINSAM

Manche sind einsam, weil sie Dämme bauen statt Brücken

**MISCHUNG BEI EINSAMKEIT**

1 Tr. Majoran
1 Tr. Palmarosa
1 Tr. Wacholderbeere
2 Tr. Rose in Jojoba
3 Tr. Clementine
1 Tr. Fichtennadel

*Einsamkeit ist der Weg,*
*auf dem das Schicksal den Menschen zu sich selber führen will.*
*Hermann Hesse*

# BEZIEHUNGEN TRANSFORMIEREN

Zwischenmenschliche Beziehungen sind „mit Abstand" die besten. Gerhard Uhlenbruck

BEI BEZIEHUNGSPROBLEMEN

1 Tr. Geranium
1 Tr. Sandelholz
1 Tr. Palmarosa
4 Tr. Grapefruit
1 Tr. Jasmin in Jojoba

„Die Tragik des glücklichen Paares besteht darin, daß dem Teufel, diesem 'Neinsager von Anbeginn', kein Wohnrecht und kein Platz am Herd zugebilligt wird. Daher ist nirgends der Teufel teuflischer als im glücklichen Paar. Wenn Streit, Kritik, Aggression als unpassend aus dem Leben eines Paares verbannt werden, wachsen die negativen Gefühle heimlich in jedem Partner an. Erst ihre Verheimlichung macht sie richtig böse und destruktiv."
Peter Schellenbaum

# EMOTIONALE FREIHEIT

## Wege aus der Abhängigkeit und emotionalen Verwicklung

**EMOTIONAL FREI SEIN**

1 Tr. Majoran
1 Tr. Vetiver
4 Tr. Grapefruit

*„Wenn Sie das Kind in sich zurückgewinnen wollen, müssen Sie alle vergangenen Entwicklungsphasen noch einmal durchlaufen und die unerledigten Angelegenheiten zu Ende bringen … Der wichtigste Schritt besteht darin, daß Sie dem verletzten Kind Gelegenheit geben, die Bedürfnisse, die im Zusammenhang mit der entwicklungsbedingten Abhängigkeit stehen und nicht befriedigt wurden, zu betrauern."*
*John Bradshaw*

**ZUR HEILUNG UND STÄRKUNG**

3 Tr. Neroli in Jojoba
3 Tr. Rose in Jojoba
1 Tr. Myrrhe
1 Tr. Iris in Jojoba
1 Tr. Mimose in Jojoba

## NACH SEELISCHEN VERLETZUNGEN

Heilendes, Aufbauendes und Stärkendes

*„Beten ist nicht bitten. Es ist ein Sehnen der Seele. Es ist das tägliche Eingeständnis der eigenen Schwachheit. Es ist besser, in das Gebet ein Herz ohne Worte zu legen, als Worte ohne Herz."*

*Mahatma Gandhi*

# ZU VIEL APPETIT

## Sich von wenig förderlichen Vorstellungen lösen

Ein bereits älterer Mönch kam zu einem Zen-Meister und sagte: „Ich habe in meinem Leben eine Vielzahl von spirituellen Lehrern aufgesucht und nach und nach immer mehr Vergnügungen aufgegeben, um meine Begierden zu bekämpfen. Ich habe lange Zeit gefastet, jahrelang mich dem Zölibat unterworfen und mich regelmäßig kasteit. Ich habe alles getan, was von mir verlangt wurde, und ich habe wahrhaft gelitten, doch die Erleuchtung wurde mir nicht zuteil. Ich habe alles aufgegeben, jede Gier, jede Freude, jedes Streben fallengelassen. Was soll ich jetzt noch tun?" Der Meister erwiderte: „Gib das Leiden auf!"

**DAS LEIDEN AUFGEBEN**

6 Tr. Grapefruit
2 Tr. Kardamom
1 Tr. Geranium
1 Tr. Styrax
2 Tr. Petitgrain

# SICH DURCHSETZEN UND MÜNDIG WERDEN

Lernen, sich und seine Wünsche auszudrücken

**DURCHSETZEN UND MÜNDIG WERDEN**

1 Tr. Kanuka
1 Tr. Atlas Zeder
1 Tr. Ingwer
1 Tr. Pfeffer
1 Tr. Lorbeer
4 Tr. Rose in Jojoba
3 Tr. Lemongrass

*Wie können wir die Führung des Bewußtseins von derjenigen des Unbewußten unterscheiden? Das Ich ist dann im Spiel, wenn wir unseren eigenen Willen durchsetzen wollen. Das Selbst dagegen weist uns „den Weg". Das Ich strebt nach individueller Identität, das Selbst spricht für unser Wesen, unsere Seele … Mit unserem Bewußtsein suchen wir nach einem Partner, das Unbewußte jedoch kennt unseren Seelenfreund. Beide, das Ich und das Selbst, müssen gemeinsam wählen.*

*Karen A. Signell*

Nichts fördert das Kreative
mehr als die Liebe,
vorausgesetzt, sie ist echt.
Erich Fromm

# EINE KREATIVE ATMOSPHÄRE SCHAFFEN

## Entwicklung und gemeinsames Wachstum fördern

Wenn wir Liebe oder Anerkennung nur bekommen, indem wir gefallen, entsteht in unserem Innern eine subtile Tyrannei. Wir lernen allmählich, nicht auf unser eigenes Urteil zu hören ... wenn Liebe nur unter bestimmten Bedingungen vergeben wird, erleben wir sie als subtile Art der Unterdrückung. Familien, die das Beste für ihre Kinder wollen – und das wollen die meisten – haben auch reichlich Erwartungen an sie. In Familien, wo Konventionen höher bewertet werden als Kreativität, wo gut angesehen sein wichtiger ist als gut leben, da kann nichts grünen.
Djohariah Toor

### KREATIVE ATMOSPHÄRE

3 Tr. Orange
1 Tr. Pfefferminze
1 Tr. Rosenholz
1 Tr. Muskatellersalbei
1 Tr. Kardamom
1 Tr. Litsea Cubeba

## HOFFNUNG SCHÖPFEN

5 Tr. Neroli in Jojoba
1 Tr. Manuka
1 Tr. Weihrauch
1 Tr. Narde
1 Tr. Silbertanne
5 Tr. Rose in Jojoba
3 Tr. Zitronella

# HOFFNUNG SCHÖPFEN



Klar sehen und sich einen Überblick verschaffen

*Bedingungsloser Pessimismus also befördert nicht viel weniger die Geschäfte der Reaktion als künstlich bedingter Optimismus; letzterer ist immerhin nicht so dumm, daß er an gar nichts glaubt. Er verewigt nicht das Geschleppe des kleinen Lebens, gibt der Menschheit nicht das Gesicht eines chloroformierten Grabsteins. Er gibt der Welt nicht den todtraurigen Hintergrund, vor dem sich überhaupt nichts zu tun lohnt.*

*Ernst Bloch*

# DEPRESSIVE STIMMUNGEN LÖSEN

Wenn sich die Lebensenergie gegen sich selbst richtet

*Hier vor allem liegt das Rätselhafte der Schwermut: Wie Leben sich gegen sich selber kehrt; wie die Antriebe der Selbsterhaltung, Selbstachtung, Selbstförderung durch den der Selbstaufhebung so eigentümlich durchkreuzt, unsicher gemacht, entwurzelt werden können. Man möchte sagen, im Wesensbild der Schwermut stehe der Untergang als ein positiver Wert; als etwas Ersehntes, Gewolltes.*

*Romano Guardini*

**DEPRESSIVE VERSTIMMUNG**

4 Tr. Orange
1 Tr. Verbena in Jojoba
1 Tr. Jasmin in Jojoba
1 Tr. Sandelholz
3 Tr. Bergamotte
3 Tr. Rose in Jojoba

Für ein Bad oder eine Massage: zusätzlich je 1 Tropfen Johanniskraut Co2 und Tuberose

# FÜR EINEN GESUNDEN EGOISMUS

## Die positiven und verbindenden Ich-Kräfte stärken

Freigiebig wie eine Mutter ist auch die Erde. Ihr Mantel ist weit, ihre Schüsseln sind gefüllt. Auf der Decke der Mutter Erde ist Platz für alle Menschen.

Der Mensch ist nur Verwalter, nicht Besitzer. Er muss sein Stück der Erde den Kindern geben. Sterbende lassen ihr Gewand zurück und nehmen nichts mit.

Das ist das Erbe der Menschen: zu kommen, zu empfangen und zu verschenken. Kein Mensch kann seine Mutter besitzen. Keiner kann die Erde zu seinem Eigentum machen.

**GESUNDER EGOISMUS**

4 Tr. Petitgrain
6 Tr. Manderine
1 Tr. Lorbeer
1 Tr. Weihrauch

# VERBUNDEN MIT MUTTER ERDE

## Die direkte Verbindung mit der Natur

Weißt du, dass Bäume
reden? Ja, sie reden.
Sie sprechen miteinander,
und sie sprechen zu dir,
wenn du zuhörst. Aber die
weißen Menschen hören nicht zu.
Sie haben es nie der Mühe wert
gefunden, uns Indianer anzuhören,
und ich fürchte, sie werden auch
auf die anderen Stimmen in der
Natur nicht hören. Ich selbst habe
viel von den Bäumen erfahren:
manchmal etwas über das Wetter,
manchmal über Tiere, manchmal
über den Großen Geist.
Tatanga Mani

**VERBUNDEN MIT MUTTER ERDE**

2 Tr. Narde
2 Tr. Fichtennadel
7 Tr. Orange
4 Tr. Vanille Extrakt 10:90

# ANGST VOR DEM ALT WERDEN

Wichtig ist nicht, wie alt man ist, sondern wie man alt ist

*Den seelischen Wert einer Frau erkennst du daran,*
*wie sie zu altern versteht.*
*Christian Morgenstern*

**ANGST VOR DEM ALT WERDEN**
2 Tr. Geranium
1 Tr. Vetiver
6 Tr. Grapefruit

# LEBENDIG SEIN



## Sich öffnen und das Leben begrüßen

**DIE PURE LEBENDIGKEIT**

5 Tr. Muskatellersalbei
5 Tr. Ylang Ylang
2 Tr. Jasmin in Jojoba
2 Tr. Rose in Jojoba
1 Tr. Verbena in Jojoba

„Wir müssen nicht erst sterben, um ins Himmelreich zu kommen. Tatsächlich genügt es, vollkommen lebendig zu sein.
Atmen wir aufmerksam ein und aus und umarmen wir einen schönen Baum, sind wir im Himmel. Wenn wir einen bewußten Atemzug machen und uns dabei unserer Augen, unseres Herzens, unserer Leber und unserer Nicht-Zahnschmerzen bewußt sind, werden wir unmittelbar ins Paradies getragen. Frieden ist vorhanden. Wir müssen ihn nur berühren. Sind wir vollkommen lebendig, können wir erfahren, daß der Baum ein Teil des Himmels ist und daß auch wir Teil des Himmels sind."
Thich Nhat Hanh

**SCHÖNE TRÄUME**

2 Tr. Melisse in Jojoba
2 Tr. Neroli in Jojoba
2 Tr. Kamille röm. in Jojoba
1 Tr. Veilchen in Jojoba

# SCHÖNE TRÄUME

Ohne Fantasie und Traum sind wir nicht richtig wach

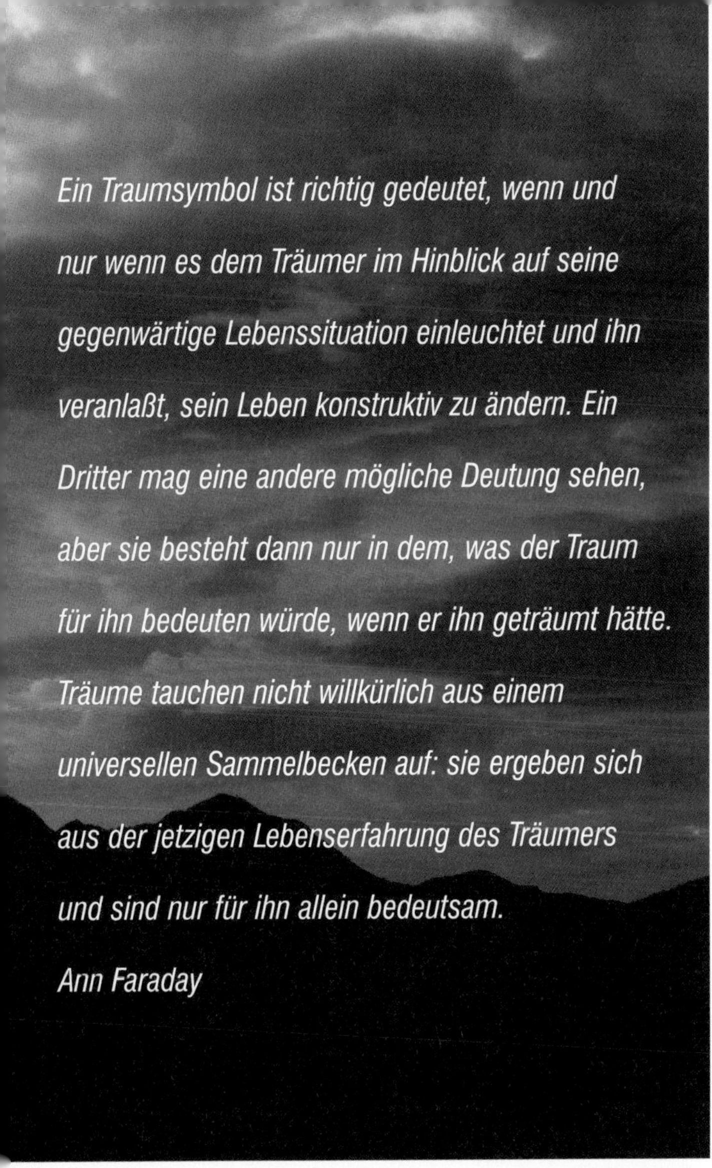

*Ein Traumsymbol ist richtig gedeutet, wenn und nur wenn es dem Träumer im Hinblick auf seine gegenwärtige Lebenssituation einleuchtet und ihn veranlaßt, sein Leben konstruktiv zu ändern. Ein Dritter mag eine andere mögliche Deutung sehen, aber sie besteht dann nur in dem, was der Traum für ihn bedeuten würde, wenn er ihn geträumt hätte. Träume tauchen nicht willkürlich aus einem universellen Sammelbecken auf: sie ergeben sich aus der jetzigen Lebenserfahrung des Träumers und sind nur für ihn allein bedeutsam.*

*Ann Faraday*

# WACH UND FRISCH (AM MORGEN)

## Jeden Augenblick in voller Intensität und Wachheit erleben

„Wirklich präsent zu sein heißt, entspannt in sich selbst zu ruhen und zugleich die Umgebung mit wacher Aufmerksamkeit wahrzunehmen. In diesem Zustand sind wir innen und außen zugleich, ohne zerrissen zu sein. Dieser 'doppelte Aufmerksamkeitszustand' ist eine eher meditative Bewußtseinsebene von Wachheit und Klarheit, ein Ausstieg aus dem ewig polarisierenden Streben des Solarplexus und unseres Egos, das immer unterscheiden muß in Plus und Minus, Ja und Nein, Gut und Schlecht, Schwarz und Weiß.
In der Natur des Herzens liegt es, 'beides' zu umfassen und jenseits der Polaritäten zu stehen. Wenn wir uns in wahrer Präsenz üben, erheben wir uns auf die Ebene des Herzens und sind dort von unseren Emotionen unberührt."
Helen Gamborg

WACHMACHER
3 Tr. Rosmarin
2 Tr. Atlas Zeder
8 Tr. Zitrone
1 Tr. Pfefferminze
Schnell wach: Einreibung nach dem Duschen
mit 2 Tr. Atlas Zeder auf die noch nasse Haut.
Oder nur die Fußsohlen damit einmassieren.

„Wer sich der Lebenskunst des Tao zuwendet, sich dem intuitiven Handeln verschreibt und sich hineinfallen läßt in die Geborgenheit der eigenen inneren Autorität, wird das Leben und seinen Alltag mit anderen Augen ansehen. Diese Geisteshaltung ist wirkliche Sicherheit, aber interessanterweise verliert der Gedanke an Sicherheit weitgehend seine hohe Bedeutung, wenn wir erst einmal gelernt haben, unser Leben dem Strom des Tao zu überlassen."
Theo Fischer

## BEI ÜBERLASTUNG UND EINGEFAHRENHEIT

Unser Kopf ist rund, damit die Gedanken die Richtung ändern können. Francis Picabia

### BEI ZU VIEL BELASTUNG

2 Tr. Wacholderbeere
1 Tr. Atlas Zeder
4 Tr. Bergamotte
2 Tr. Ylang Ylang
1 Tr. Zitrone

# WURZELN SCHLAGEN

## Den Platz im Leben finden

„Die Einsicht gewinnt immer mehr an Boden, dass Meditation nicht ein sich Abwenden von den Verpflichtungen bedeutet, die wir in der Welt haben, sondern, recht verstanden, den Menschen in jener Mitte versammelt, die ihn erst vollends befähigt, seiner Bestimmung auf dieser Erde zu genügen. Unzertrennlich davon ist die Erkenntnis, dass es ohne Verwurzelung in den Erdkräften des Lebens keine gesunde Geistigkeit gibt, und dass eine Verfassung, die in gültiger Weise zur Transzendenz hin transparent ist, Verankerung des Menschen in seiner Erdmitte voraussetzt. Meditative Übungen ohne Hara münden leicht in einer verblassenden Geistigkeit, die in gleicher Weise den Himmel und die Erde verrät."

Karlfried Graf Dürkheim

## WURZELN SCHLAGEN

1 Tr. Zypresse
1 Tr. Narde
2 Tr. Vetiver
2 Tr. Patchouli
6 Tr. Rose in Jojoba
1 Tr. Zirbelkiefer
1 Tr. Tolubalsam

# SICH MOMENTE DER RUHE GÖNNEN

## Die Kunst des Ausruhens ist ein Teil der Kunst des Arbeitens

„Schaffe Leere bis zum Höchsten!
Wahre die Stille bis zum Völligsten!
Alle Dinge mögen sich zugleich erheben.
Ich schaue, wie sie sich wenden.
Die Dinge in all ihrer Menge,
Ein jedes kehrt zurück zu seiner Wurzel.
Rückkehr zur Wurzel heißt Stille.
Stille heißt Wendung zum Schicksal.
Wendung zum Schicksal heißt Ewigkeit.
Erkenntnis der Ewigkeit heißt Klarheit.
Erkennt man das Ewige nicht,
So kommt man in Wirrnis und Sünde.
Erkennt man das Ewige,
So wird man duldsam.
Duldsamkeit führt zur Gerechtigkeit.
Gerechtigkeit führt zur Herrschaft.
Herrschaft führt zum Himmel.
Himmel führt zum Sinn.
Sinn führt zur Dauer.
Sein Leben lang kommt man nicht in Gefahr."
Laotse

**SICH RUHE GÖNNEN**
1 Tr. Ylang Ylang
3 Tr. Mandarine rot
1 Tr. Vanille Extrakt 10:90
1 Tr. Rosenholz oder Ho-Blätter
1 Tr. Jasmin in Jojoba

# DAS LEBEN INS GLEICHGEWICHT BRINGEN

## Im Einklang sein

„Ganz sein heißt eins sein (im Einklang stehen) mit Gott, mit dem Mitmenschen, mit sich selbst, mit der Natur und mit dem Augenblick. Krank wird der, der aus dieser Ganzheit herausfällt. Mithin ist der selbstverwirklichte, der entfaltete Mensch der gesunde Mensch.
Unsere westliche Medizinwissenschaft hat mittlerweile an die 35.000 Namen für den Todfeind Krankheit gefunden. Sie führt also einen Vielfrontenkrieg, gleichsam einen 35.000-Fronten-Krieg. Die östliche Heilkunst kennt im Grunde nur einen einzigen Namen für Krankheit: Gleichgewichtsstörung im Energiehaushalt."
Ernst Stürmer

**EINKLANG UND GLEICHGEWICHT**
8 Tr. Neroli in Jojoba
1 Tr. Geranium
1 Tr. Wacholderbeere
1 Tr. Manuka
6 Tr. Orange
1 Tr. Weihrauch

# DIE LEBENSENERGIE IM FLUSS HALTEN

## Quelle für Gesundheit und Wohlbefinden

**LEBENSENERGIE IM FLUSS HALTEN**

1 Tr. Zypresse
3 Tr. Tuberose in Jojoba
5 Tr. Bergamotte
3 Tr. Verbena in Jojoba

*Die physische Welt ist unsere Schöpfung. Jeder von uns erschafft seine eigene Version von der Welt, seine eigene Wirklichkeit und einzigartige Lebenserfahrung. Da mein Leben eine Manifestation der Energie ist, die ich kanalisiere, kann ich aus meiner Schöpfung ein Feedback über mich selbst erhalten. Wie ein Künstler, der sein neuestes Werk begutachtet, können auch wir die fortwährende Gestaltung unseres Lebens betrachten und Rückschlüsse auf uns selbst ziehen. Wir können an der von uns selbst geschaffenen Wirklichkeit erkennen, was wir noch lernen müssen.*

*Shakti Gawain*

# SEELISCHE WUNDHEILUNG

Die Intuition und Liebe stärken

*Es gibt keine bloß seelische oder bloß körperliche Heilung. Heilung ist ein ganzheitliches Geschehen. Manch körperliches Gesundwerden ist in diesem Sinne keine Heilung, und manche Heilung geschieht auch ohne Gesundung des Körpers.*

*Peter Schellenbaum*

SEELISCHE WUNDHEILUNG

1 Tr. Iris in Jojoba
1 Tr. Zimtblätter
4 Tr. Rose in Jojoba
8 Tr. Neroli in Jojoba
1 Tr. Cistrose in Jojoba

**FÜR EINEN KÜHLEN KOPF**

2 Tr. Pfefferminze
1 Tr. Benzoe
1 Tr. Atlas Zeder
1 Tr. Geranium
2 Tr. Zitrone

# EINEN KÜHLEN KOPF BEWAHREN

## Entwicklung und gemeinsames Wachstum fördern

*Gott gebe mir die Gelassenheit, die Dinge hinzunehmen, die ich nicht ändern kann, den Mut, die Dinge zu ändern, die ich ändern kann und die Weisheit, das eine vom anderen zu unterscheiden.*

*Friedrich Christoph Oetinger*

# STARKE STIMMUNGSSCHWANKUNGEN



„Seltsam: Er, der ewig Beunruhigte, sieht in dem gelassenen, geklärten Menschen die höchste Form des Lebens, der Zwiespältige postuliert als letztes Ideal die Einheit, der Empörer die Unterwerfung. Seine Gottesqual ist in ihnen Gotteslust geworden, seine Zweifel Gewißheit, seine Hysterie Gesundung, sein Leid ein allumfassendes Glück. Das Letzte und Schönste der Existenz ist für ihn, was er selbst, der Bewußte und Überbewußte, nie gekannt und was er darum für den Menschen als das Erhabenste ersehnt: Naivität, Kindlichkeit des Herzens, die sanfte, die selbstverständliche Heiterkeit."
Stefan Zweig über Dostojewski

## BEI STARKEN STIMMUNGSSCHWANKUNGEN

In der Duftlampe:

2 Tr. Melisse in Jojoba
3 Tr. Neroli in Jojoba
1 Tr. Kamille röm. in Jojoba

Als Bad oder für eine Massage:

4 Tr. Melisse in Jojoba
6 Tr. Neroli in Jojoba
3 Tr. Rose in Jojoba
1 Tr. Benzoe 80:20
4 Tr. Kamille röm. in Jojoba
1 Tr. Muskatellersalbei

# EINS MIT MIR

## Ich bin wichtig und nehme mich an, wie ich bin

### IM EINKLANG MIT MIR

3 Tr. Rose türkisch in Jojoba
2 Tr. Jasmin in Jojoba
1 Tr. Sandelholz
3 Tr. Neroli in Jojoba
1 Tr. Ingwer

*Jedes Anlehnen, an wen oder was auch immer, führt zu nichts.*
*Wichtig ist die eigene, persönliche Intuition,*
*die Arbeit an sich selbst.*
*Chögyam Trungpa*

# TRÄGHEIT ÜBERWINDEN

## Dem Leben begegnen und schnell lernen können

Es gibt nur ein einziges Interesse an der Welt, das es sich zu haben lohnt: die Fähigkeit, vollkommen frei erschaffen zu können, in vollem Gewahrsein dessen, wie die Erschaffung der Wirklichkeit funktioniert.
Deepak Chopra

**DER TRÄGHEIT ENTKOMMEN**

3 Tr. Lemongrass
1 Tr. Rosmarin
2 Tr. Weihrauch
1 Tr. Pfefferminze

# DIE ICH-KRÄFTE STÄRKEN

## Die täglichen Herausforderungen meistern

**DEN SELBSTWERT UNTERSTREICHEN**

1 Tr. Iris in Jojoba
1 Tr. Vetiver
4 Tr. Rose in Jojoba
1 Tr. Rosmarin
3 Tr. Orange

Hohe Intelligenz ist allerdings auch keine Garantie für große Selbstsicherheit. Im Gegenteil: Gerade unter besonders intelligenten Menschen (IQ zwischen 130 bis 160) befinden sich viele Selbstunsichere. Woran liegt das? Wer sehr intelligent ist, unterliegt der Gefahr, alles rationalisieren, analysieren und verstandesmäßig erfassen zu wollen. Darunter leidet die spontane Erlebnisfähigkeit. Dieser Mangel wird dem Intelligenten bewußt. Diese Erkenntnis bedrückt ihn und macht ihn unsicher.
Peter Lauster

# DIE LEBENSKRAFT MOBILISIEREN

Das Leben annehmen und sich voll darauf einlassen

*Wenn die Lebensenergie frei und ungehindert durch uns hindurchfließt, fühlen wir uns lebendig, ausgeglichen und kraftvoll. Ist diese Energie jedoch blockiert, äußert sich das in unserem Organismus unter anderem als Müdigkeit, Stress, Antriebslosigkeit und Krankheit.*

**BEI ABGESTUMPFTHEIT**

2 Tr. Eukalyptus radiata
1 Tr. Ingwer
2 Tr. Myrrhe
8 Tr. Zitrone
1 Tr. Bohnenkraut
2 Tr. Pfefferminze

# JA ZUM LEBEN

## Schlechte Laune vertreiben

**IM FRIEDEN MIT DER WELT**

2 Tr. Bergamotte
3 Tr. Grapefruit
1 Tr. Geranium
1 Tr. Kamille blau in Jojoba
1 Tr. Benzoe
3 Tr. Mandarine

*Lernt der Mensch die erste wichtige Regel, dass alles, was ist, gut ist, weil es ist, so kehrt immer mehr Ruhe und Frieden in ihm ein. Erst in dieser Ruhe lernt er die Dinge zu betrachten, und sie werden ihm ihren Sinn offenbaren. Man löst sich allmählich von der fixen Idee, für oder gegen etwas kämpfen zu müssen, ohne dadurch untätig zu werden. Der Mensch nämlich, der glaubt, durch seine Aktivität die Welt verändern zu können, merkt meist nicht, dass er in Wirklichkeit Sklave der Verhältnisse geworden ist, die ihn verändern.*

*Thorwald Dethlefsen*

# KLARE GEDANKEN FASSEN

Den Geist und die Schöpferkraft stärken

*Wenn wir begreifen, daß wir „Bewußtheit" sind, die sich ihrer selbst bewußt wird, so sind wir auf dem Weg zur Weisheit. Akzeptieren wir diese für uns selbst, so schaffen wir eine notwendige Voraussetzung für ein gesundes Leben.*

*Der Widerstand gegen die Erkenntnis, daß es nichts außer unserer eigenen Erfahrung gibt, kann der Beginn einer Krankheit sein. Folglich ist die wirkliche Behandlung einer Erkrankung erst im Verlauf der eigenen Bewußtwerdung möglich.*

*Helmut Milz*

**KLAR DENKEN**

1 Tr. Pfefferminze
1 Tr. Basilikum
2 Tr. Litsea Cubeba

# LEBENSFREUDE

## Die Freude und das Lächeln sind der Sommer des Lebens

**AKTIVIERUNG DER LEBENSFREUDE**

2 Tr. Grapefruit
3 Tr. Mandarine
2 Tr. Neroli in Jojoba
1 Tr. Petitgrain
1 Tr. Orange
1 Tr. Vanille Extrakt 10:90

*Wenn wir aber sagen, daß Lebensfreude der Zweck des Daseins ist, so verstehen wir darunter nicht die Freuden der Schwelger noch die gemeinen Leidenschaften, wie es uns aus Unwissenheit, Widerspruchsgeist oder boshafter Verleumdung nachgesagt wird, sondern wir erzielen damit, den Körper vom Schmerz, die Seele vom Leid zu befreien.*
*Epikur*